CW00502519

LIBRO DE RECETA DE HAMBURGUESA

50 deliciosas recetas de hamburguesas

Adriana Ruiz

Reservados todos los derechos.

Descargo de responsabilidad

La información contenida i está destinada a servir como una colección completa de estrategias sobre las que el autor de este libro electrónico ha investigado. Los resúmenes, estrategias, consejos y trucos son solo recomendaciones del autor, y la lectura de este libro electrónico no garantiza que los resultados de uno reflejen exactamente los resultados del autor. El autor del eBook ha realizado todos los esfuerzos razonables para proporcionar información actualizada y precisa a los lectores del eBook. El autor y sus asociados no serán responsables de ningún error u omisión no intencional que se pueda encontrar. El material del eBook puede incluir información de terceros. Los materiales de terceros forman parte de las opiniones expresadas por sus propietarios. Como tal, el autor del libro electrónico no asume responsabilidad alguna por el material u opiniones de terceros.

El libro electrónico tiene copyright © 2021 con todos los derechos reservados. Es ilegal redistribuir, copiar o crear trabajos derivados de este libro electrónico en su totalidad o en parte. Ninguna parte de este informe puede ser reproducida o retransmitida de forma reproducida o retransmitida en cualquier forma sin el permiso expreso y firmado por escrito del autor.

TABLA DE CONTENIDO

INTRODUCCIÓN 6

PATATAS DE HAMBURGUESA 9

HAMBURGUESA CON QUESO FUNDIDO 11

HAMBURGUESAS PROPASAS 13

HAMBURGUESA DE QUESO 15

HAMBURGUESA VEGETARIANA 17

PAN DE HAMBURGUESA CASERO 19

HAMBURGUESA DE GARBANZOS 21

HAMBURGUESA GIGANTE CON TODOS LOS EXTRAS 23

PATATAS DE HAMBURGUESA FRITAS 26

HAMBURGUESA DE ARROZ 28

SLOPPY JOES 30

HAMBURGUESA DE POLLO Y QUESO 32

PATATAS DE HAMBURGUESA 35

HAMBURGUESA VEGETARIANA 38

CHIVITO 40

PERRITO CALIENTE CON SALSA DE CEBOLLA ARDIENTE 42

HAMBURGUESA DE BISTEC SIMPLE 44

HAMBURGUESA DE GARBANZOS 46

BOLO DE SÉSAMO SIN GLUTEN 48

HAMBURGUESA DE QUINOA....50
HAMBURGUESA DE PAVO....53
HAMBURGUESA DE QUESO....56
HAMBURGUESA DE CALABACINES BEBÉ....58
WIENER LEBERKÄSBURGER....60
HAMBURGUESA AMERICANA CON CUÑAS....62
HAMBURGUESA DE FRIJOL NEGRO....65
HAMBURGUESAS AUSSIE....67
MINI HAMBURGUESAS....69
HAMBURGUESA DE REMOLACHA Y FRIJOLES CON SALSA DE VINO TINTO....72
HAMBURGUESA SCHNITZEL....74
MILLET TODO TERRENO....76
HAMBURGUESA GYROS....78
HAMBURGUESA SCHNITZEL....80
HAMBURGUESA DE TERNERA CON QUESO CREMA DE MOSTAZA DE HIGO....82
HAMBURGUESA DE ATÚN TAILANDESA....85
HAMBURGUESA CON HALLOUMI A LA PLANCHA....87
HAMBURGUESA TORMACHER....89
FUXIS KNUSPERBURGER - HAMBURGUESA DE VERDURAS CON PATATAS DE COL CRUJIENTES.... 91
HAMBURGUESA CON BARRA DE PESCADO....94
HAMBURGUESAS CASERAS....96

HAMBURGUESA CON SÉSAMO 98
HAMBURGUESA A MI MANERA.......................................100
ROLLOS HAMBURGUESAS.......................................102
HAMBURGUESA CON TOFU AHUMADO.......................................104
HAMBURGUESA CON SALSA BARBACOA Y PATATAS CORAZONES.......................................106
HAMBURGUESA ESTILO CASA 109
HAMBURGUESA DESAYUNO 111
HAMBURGUESA NUREMBERG 113
HAMBURGUESA CON MIEL ASADA....................................... 115
HAMBURGUESA DE QUESO A LA PLANCHA CON PATATAS FRITAS....................................... 117
CONCLUSIÓN 120

INTRODUCCIÓN

En cuanto hablamos de comida rápida, rápidamente demonizamos este tipo de alimentos y cuando estamos a dieta, desaconsejamos su consumo porque las calorías explotan en este tipo de alimentos.

Pero te dices a ti mismo: "pero hay coca light, ensaladas, incluso pescado". ¿Así que qué es lo? ¿Podemos conciliar hamburguesas y dieta? Couchette & Bikini ha decidido silenciar algunas ideas recibidas.

COMPOSICIÓN DE UNA HAMBURGUESA

Al contrario de lo que se pueda pensar, no es la famosa hamburguesa la que engorda, ni mucho menos, sino al contrario las salsas que le puedes añadir, las grandes cantidades de patatas fritas y sobre todo la rapidez con la que comes.

Para ser más precisos, la hamburguesa se compone de la siguiente manera: pan, carne, salsa y unas pequeñas verduras pegadas entre cebollas, tocino (a veces) y otros alimentos que no siempre son muy ligeros.

A primera vista, este producto de consumo parece una auténtica bomba de calorías. Pero al igual que la pizza, no engorda tanto como podría pensar, todo depende de lo que le ponga y con lo que la coma.

LAS REGLAS PARA UNA BUENA HAMBURGUESA

En primer lugar, sepa que es posible hacer su propia hamburguesa y respetar ciertas reglas.

De hecho, es más recomendable hacer tu propia hamburguesa porque sabes exactamente lo que hay dentro y las cantidades. Si es posible, no coma su hamburguesa con papas fritas, guárdelas para otra comida a base de carne magra o pescado, por ejemplo.

No dudes en incorporar carnes magras, pollo o un bife picadito al 5% de grasa.

Finalmente, come despacio para que el cuerpo asimile la comida y la sensación de saciedad esté presente. Si es posible, coma una hamburguesa a la hora del almuerzo en lugar de por la noche para una mejor digestión.

HAZ TU PROPIA HAMBURGUESA

Para optimizar los efectos de su dieta, puede hacer su propia hamburguesa. Aquí hay una receta de ejemplo:

Elija carne con un 5% de grasa en lugar de un 15% y obtendrá el equivalente a una cucharada de aceite. Compre bistec congelado y orgánico si es posible.

Intente incorporar verduras asadas como trozos de pimientos o rodajas de berenjena o trozos pequeños de tomates cherry. Las hierbas aromáticas siempre tienen su efecto: el perejil, el cebollino, la chalota y la albahaca proporcionarán antioxidantes naturales.

Para la ensalada, en su lugar, tome lechuga de cordero rica en Omega-3, espinacas tiernas o rúcula en lugar de la tradicional lechuga grasa.

Para la salsa, contrariamente a la creencia popular, se recomienda el ketchup (sobre todo si no contiene grasa, ver en su etiqueta) pero la mejor salsa desde el punto de vista nutricional es la salsa salsa.

Para el pan: elija panes de cereales, panes integrales pero especialmente no pan blanco que tiene un índice glucémico alto y que no sacia.

Por último, si es posible, evite las patatas fritas, que son la principal ingesta de grasas y céntrese en las verduras.

PATATAS DE HAMBURGUESA

Porciones: 4

INGREDIENTES

- 500 G Carne molida
- 1 TL sal
- 0,5 TL pimienta
- 1 TL Sal sazonada
- 0,5 TL Gránulos de ajo
- 0,5 TL Gránulos de cebolla
- 2 Spr Tabasco

PREPARACIÓN

Poner la carne picada con sal, pimienta, sal de hierbas, ajo granulado, cebolla granulado y Tabasco en un bol y amasar bien, preferiblemente con las manos húmedas o con una batidora con gancho para masa.

Luego deja reposar la masa de carne durante unos buenos 15 minutos.

Luego, forme hamburguesas con las manos; asegúrese de no presionar las hamburguesas con demasiada fuerza para que no se vuelvan demasiado firmes al freír.

Por último, sofreír las hamburguesas en una sartén con un poco de aceite, dándoles la vuelta varias veces con una espátula.

HAMBURGUESA CON QUESO FUNDIDO

Porciones: 4

INGREDIENTES

- 1 Schb Pan sin costra
- 1 PC Cebollas, picadas
- 1 PC Cebolla rebanada
- 1 TL sal
- 0,5 TL pimienta negra recién molida
- 2 TL tomillo fresco o mejorana
- 2 cucharadas Salsa Worcestershire o salsa para bistec
- 500 G carne de res magra
- 1 cucharada aceite de oliva
- 4 piezas Rollos de hamburguesa o 4 rollos
- 1 premio Harina

- 125 G queso cheddar maduro, en rodajas

PREPARACIÓN

Humedecer el pan con agua, exprimirlo y desmenuzarlo en un bol. Procese con la cebolla picada, sal y pimienta, tomillo o mejorana, salsa Worcestershire y la carne picada hasta obtener una masa suave, divida en 4 porciones y forme hamburguesas planas con las manos enharinadas.

Freír las rodajas de cebolla en aceite caliente hasta que estén doradas y mantener calientes. Corte los trozos de baguette o los panecillos abiertos y tueste o cocine a la parrilla. Freír las hamburguesas a la parrilla o en la sartén hasta que estén doradas por dentro y crujientes por fuera.

Dividir los aros de cebolla en 4 mitades de la baguette, colocar encima las hamburguesas y cubrir con queso. Coloque debajo de la parrilla caliente hasta que el queso se derrita y coloque las otras mitades de pan encima.

HAMBURGUESAS PROPASAS

Porciones: 4

INGREDIENTES

- 4 piezas Bollos de hamburguesa
- 600 G Carne molida
- 1 PC cebolla
- 4 cucharadas petróleo
- 1 premio sal y pimienta
- 1 PC huevo
- 2 cucharadas mostaza
- 4 Schb queso

PREPARACIÓN

Primero pela y pica finamente la cebolla. Agrega la carne y sazona con abundante sal y pimienta. Mezclar un poco de mostaza y el huevo y amasar todo bien.

A continuación, corte los bollos de hamburguesa para abrirlos y colóquelos en el horno a 150 grados.

Calentar un poco de aceite, formar hogazas de carne y freírlas en el aceite por ambos lados. Después de unos cinco minutos, coloque una rodaja de queso en cada pastel de carne y deje que se derrita. Baja un poco el fuego.

Ahora saca los bollos de hamburguesa del horno y coloca un trozo de carne en cada uno. Adorne con tomate, lechuga y salsa al gusto.

HAMBURGUESA DE QUESO

Porciones: 4

INGREDIENTES

- 500 G Carne molida
- 1 PC cebolla
- 1 cucharada chutney de tomate
- 1 premio sal
- 1 premio pimienta
- 4 piezas Rollo de pan
- 1 PC Pepinillo
- 4 piezas Queso fundido
- 1 PC tomate
- 2 cucharadas petróleo

PREPARACIÓN

Picar finamente la cebolla con la carne picada, la salsa picante de tomate, la sal y la pimienta, mezclar y formar hamburguesas.

Freír las hamburguesas en aceite durante 6-8 minutos.

Cortar a la mitad los panecillos (o hamburguesas) a lo largo, ahuecar un poco. Cortar el tomate y el pepinillo en rodajas. Coloque las hamburguesas terminadas en los rollos y coloque una rodaja de tomate y una rodaja de pepino en escabeche y el queso procesado encima.

Pon todo en el horno precalentado hasta que el queso comience a derretirse.

HAMBURGUESA VEGETARIANA

Porciones: 8

INGREDIENTES

- 2 piezas Huevos
- 4 piezas Patatas
- 2 piezas Remolacha amarilla
- 1 PC pepino
- 100 GRAMOS avena
- 3 piezas Zanahorias
- 200 g Migas de pan
- 8 piezas Panecillos (o pan de hamburguesa)
- 3 piezas Tallos de apio
- 1 PC cebolla
- 2 cucharadas petróleo
- 1 premio Carvi
- 1 premio pimienta
- 1 premio sal

refinar

- 1 cucharada Ketchup y mayonesa

PREPARACIÓN

Lavar las zanahorias y las remolachas amarillas, pelar las patatas y rallarlo todo. Pica el apio en trozos pequeños.

Asa la cebolla picada con pan rallado.

Mezclar con las verduras ralladas, los huevos y la avena. Sazone al gusto con las especias y forme empanadas con las manos.

Calentar el aceite en una sartén y freír las hamburguesas a fuego lento, dando vuelta varias veces.

Corta el panecillo por la mitad, rellena con uno o dos panes y decora con tomates, pepino, lechuga, ketchup y mayonesa al gusto.

PAN DE HAMBURGUESA CASERO

Porciones: 6

INGREDIENTES

- 500 G harina de trigo
- 1 TL sal
- 0,5 TL Harina de malta de cebada
- 0,5 TL Azúcar (morena)
- 30 G Mantequilla (blanda)
- 1 paquete Levadura seca
- 200 ml agua
- 120 ml Leche (fresca)

PREPARACIÓN

Comenzamos amasando lentamente todos los ingredientes en una masa. Si la masa comienza a convertirse lentamente en una masa uniforme, es decir, los ingredientes están bien mezclados, puede amasar con más firmeza durante otros cinco minutos.

Tape y deje reposar la masa terminada durante 20 minutos. Luego se puede dividir en seis porciones sobre una superficie de trabajo con harina. Estos tienen forma de rollos redondos.

Si te gustan los panecillos de hamburguesa con semillas de sésamo, puedes untar un lado con agua y enrollarlo en semillas de sésamo. Luego dejar reposar media hora y cubrir con un paño húmedo.

Mientras tanto, el horno se precalienta a 205 ° C de aire caliente y se prepara una bandeja para hornear con papel de hornear. Antes de que los panecillos de hamburguesa vayan al horno, pon un bol con abundante agua.

Ahora el pan de hamburguesa se hornea de color amarillo dorado durante unos 20 minutos. Es mejor dejarlos enfriar sobre una rejilla.

HAMBURGUESA DE GARBANZOS

Porciones: 4

INGREDIENTES

- 200 g Garbanzos
- 1 PC cebolla
- 2 piezas Huevos
- 199 G Migas de pan
- 150 G Macetas
- 1 PC diente de ajo
- 3 cucharadas perejil
- 1 cucharada Romero
- 1 premio sal
- 1 premio pimienta
- 3 cucharadas aceite de oliva

PREPARACIÓN

Cocine los garbanzos en escabeche durante unos minutos y luego tuestelos brevemente en una sartén con aceite de oliva. Asa la cebolla finamente picada y el ajo finamente picado también brevemente.

A continuación, se mezclan los garbanzos en un bol con los huevos, el requesón y el aceite de oliva. Luego haga puré con la licuadora.

Ahora agregue el pan rallado, el ajo y la cebolla. Refina con romero y perejil. Finalmente sazone con sal y pimienta y dé forma a la mezcla en hogazas.

Sofreír con cuidado las hamburguesas por ambos lados en una sartén con aceite de oliva.

HAMBURGUESA GIGANTE CON TODOS LOS EXTRAS

Porciones: 6

INGREDIENTES

- 750 G carne magra
- 1 PC Cebolla finamente picada
- 1 PC huevo
- 80 G pan rallado fresco
- 2 cucharadas Pasta de tomate
- 1 cucharada salsa Worcester
- 2 cucharadas perejil recién picado
- 1 premio sal
- 1 premio pimienta molida gruesa
- 3 piezas cebollas grandes
- 30 G manteca
- 6 Schb Queso cheddar

- 6 piezas Huevos
- 6 Schb Tocino
- 6 piezas Bollos de hamburguesa, tostados
- 2 piezas Tomates, en rodajas finas
- 6 Schb remolacha
- 1 premio salsa de tomate
- 6 piezas Anillos de piña, escurridos

PREPARACIÓN

Mezcle la carne picada, la cebolla, los huevos, el pan rallado y la pasta de tomate, la salsa Worcester, el perejil, la sal y la pimienta en un tazón grande. Amasar bien a mano.

Divide la mezcla en 6 porciones iguales. Forme cada porción en empanadas de carne de aproximadamente 1,5 cm de grosor. Cubra y reserve. Freír las cebollas en él, dándoles la vuelta con frecuencia hasta que estén bien doradas. Empuje las cebollas hasta el borde de la bandeja de la parrilla y engrase la bandeja, o aquí también la parrilla.

Asa las hamburguesas de carne durante 3-4 minutos por cada lado hasta que estén doradas y bien cocidas. Muévase a un lugar más fresco en la parrilla o colóquelo tibio en un plato. Coloque una rodaja de queso en cada pastel de carne. Freír los huevos y el tocino en mantequilla hasta que estén dorados. Quita la estufa.

Para las hamburguesas: coloque las mitades de pan tostado inferiores en un plato cada una. Coloque la lechuga, los tomates, la remolacha (lista para cocinar) y la piña encima. Coloque encima las empanadas picadas a la parrilla y cubra con cebollas fritas, huevo frito, tocino y salsa de tomate. Coloque las mitades restantes del bollo encima.

PATATAS DE HAMBURGUESA FRITAS

Se

Porciones: 4

INGREDIENTES

- 800 G Carne molida
- 1 cucharada salsa Worcester
- 1 TL Sal sazonada
- 0,5 TL pimienta negra recién rallada
- 1 cucharada Aceite para freír

PREPARACIÓN

Mezcle bien la carne picada con sal, pimienta y salsa inglesa. Divida la carne picada en 4 partes iguales y forme hamburguesas planas con ellas.

Poner el aceite en una sartén antiadherente, meter las hogazas y freír por ambos lados. Escurrir sobre papel de cocina.

HAMBURGUESA DE ARROZ

Porciones: 4

INGREDIENTES

- 300 G Arroz risotto
- 1 premio sal
- 1 premio pimienta
- 750 ml sopa de verduras
- 2 piezas Huevos
- 30 G Queso rallado
- 4 cucharadas hierbas de la Provenza
- 4 cucharadas aceite de oliva

para servir

- 4 piezas Pan de hamburguesa

PREPARACIÓN

Primero, la cebolla debe pelarse y picarse finamente. Luego los sofreímos en una sartén con un poco de aceite de oliva hasta que estén traslúcidos.

Ahora agregue el arroz y ase brevemente. Luego agregue la sopa de verduras y cocine por unos 20 minutos, no olvide revolver.

Luego ponga el arroz enfriado en un bol y mezcle con el queso rallado, los huevos y las hierbas de la Provenza.

Sazone con sal y pimienta y luego forme panes. A continuación, se fríen las hamburguesas en una sartén con un poco de aceite de oliva por ambos lados durante unos 5 minutos.

Coloque las hamburguesas de arroz en rollos de mini hamburguesas caseros y sirva.

SLOPPY JOES

Porciones: 4

INGREDIENTES

- 6 cucharaditas de salsa de chile
- 500 g de tofu, firme
- 6 cucharaditas de salsa de tomate
- 1 cucharadita de aceite vegetal

para la sartén

- 0,5 cucharaditas de sal
- 1 pieza de pimentón verde
- 1 pieza de cebolla mediana
- 1 premio de pimiento
- 4 bollos de hamburguesa

PREPARACIÓN

Para ello, pelar y picar finamente las cebollas, lavar los pimientos verdes, quitarles el tallo, descorazonarlos y cortarlos igual de finamente.

Ahora calienta el aceite en una sartén grande a fuego medio y fríe los trozos de cebolla y pimiento finamente picados durante unos 5 minutos, revolviendo de vez en cuando.

Pica el tofu y agrégalo a la sartén; fríelo por otros 15 minutos, hasta que el tofu esté casi demasiado cocido.

Ahora agregue el kétchup (o una salsa de tomate casera), la salsa de chile, sal y pimienta y cocine a fuego lento hasta que la mezcla esté bien caliente. Si es necesario, agregue un poco de agua si la mezcla aún está demasiado seca.

Sofreír los bollos de hamburguesa cortados por la mitad por el lado cortado (preferiblemente directamente en la sartén o en una tostadora) y esparcir la salsa de tofu encima con una cuchara.

HAMBURGUESA DE POLLO Y QUESO

Porciones: 3

INGREDIENTES

- 1 PC cebolla grande, finamente picada
- 750 G Pollo, hecho puré
- 1 TL Especia de pimentón
- 1 TL Chile, picado
- 60 G pan rallado fresco
- 90 G crema agria
- 2 cucharadas tomillo limón fresco, picado
- 90 G Queso cheddar
- 30 G manteca
- 1 premio sal
- 1 premio pimienta
- 1 PC Dientes de ajo machacados

- 6 etapas bollo
- 6 piezas Hojas de lechuga para decorar
- 2 piezas Tomates, para decorar
- 6 piezas Encurtidos para decorar
- 0.25 Crema agria para decorar
- 8 TL Salsa de chile para decorar

PREPARACIÓN

Calentar un poco de aceite en una sartén. Agrega la cebolla y fríe hasta que se dore a fuego medio. Escurrir la cebolla sobre papel de cocina y dejar enfriar brevemente.

En un bol grande, amasa la cebolla, el puré de pollo, el pimentón, la guindilla, el pan rallado, la crema agria, el tomillo limón o el cebollino y un poco de sal y pimienta negra recién molida con las manos. Divida la mezcla en 6 porciones iguales y forme albóndigas redondas. Corta el queso en 6 trozos y presiona 1 trozo en el centro de cada albóndiga. Vuelve a cerrar la albóndiga encima.

Caliente la mantequilla y 1 cucharada de aceite en una sartén grande. Agrega el ajo. Cuando la mezcla forme espuma, agregue las albóndigas y presione ligeramente con una cuchara o espátula. Freír por cada lado durante 2-3 minutos a fuego medio hasta que las albóndigas se doren y el queso se derrita.

Cortar los panecillos por la mitad, asarlos y, si lo desea, untarlos con un poco de mantequilla. Ponga lechuga, tomates, una sopa de pollo, crema agria, pepinillos y salsa de chile en cada mitad del pan.

PATATAS DE HAMBURGUESA

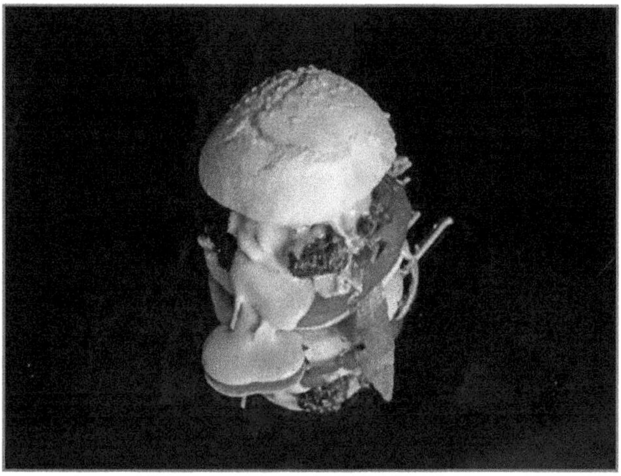

Porciones: 8

INGREDIENTES

- 500 G Carne de res (p. Ej. Paleta, rosbif o E
- 1 TL Salsa inglesa
- 1 TL Mostaza de estragón
- 1 PC Chalota (pequeña)
- 1 PC chile
- 2 TL sal

para la salsa de coctel

- 1 PC huevo
- 150 ml Aceite de maíz
- 1 TL Mostaza de estragón
- 1 premio Limones, ralladura (rallados)
- 1 TL Jugo de limon
- 2 cucharadas coñac

- 4 cucharadas Salsa de tomate
- 1 TL salsa de soja
- 0,5 TL sal
- 1 premio Pimienta negra)

para la hamburguesa

- 1 cucharada Aceite de oliva para freír
- 4 cucharadas salsa de ostras
- 8 piezas Bollos de hamburguesa
- 1 premio Pimienta negra)
- 8 Bl Lechuga iceberg
- 3 piezas Tomates
- 8 piezas Palillos de madera

PREPARACIÓN

Para la salsa de cóctel: poner el huevo y el aceite en un recipiente alto. Usa la batidora de mano para hacer una mayonesa. Agrega el resto de los ingredientes y vuelve a mezclar. Sazone al gusto, pimienta.

Para las hamburguesas: Corta la carne en cubos. Enfríe la carne. Montar la picadora de carne con el disco perforado central. Picar carne. Pica la chalota. Mezclar todos los ingredientes brevemente y no amasar con demasiada fuerza. Con la mezcla, forme hamburguesas del tamaño de los bollos de hamburguesa.

A continuación, corte por la mitad los bollos de hamburguesa y tueste en una sartén sobre la superficie cortada sin aceite. Mantener los bollos calientes en el horno a 50 ° C de aire caliente. Arranca las hojas de lechuga, corta los tomates en rodajas.

Calienta aceite en una sartén. Fríe las hamburguesas por ambos lados a fuego medio. Después de dar la vuelta, vierta la salsa de ostras y caramelice. Pimienta las hamburguesas al final.

Coloque una hoja de lechuga y una rodaja de tomate sobre los panecillos de hamburguesa. Coloque la carne caliente encima, vierta la salsa de cóctel por encima. Coloca la tapa encima y fíjala con una brocheta de madera. Servir inmediatamente.

HAMBURGUESA VEGETARIANA

Porciones: 4

INGREDIENTES

- 1 lata Frijoles
- 2 piezas zanahoria
- 0,5 TL pimienta de cayena
- 0,5 TL sal
- 0,5 TL pimienta
- 1 cucharada Harina
- 0,25 TL Comino molido
- 2 cucharadas Perejil picado
- 0,5 TL Ralladura de limón
- 1 PC Tomates
- 1 PC Pepino, unos 7 cm.
- 80 G Queso feta
- 3 cucharadas petróleo
- 4 piezas Pan de hamburguesa

- 2 cucharadas Salsa de tomate

PREPARACIÓN

Escurre los frijoles en el colador y mételos en la licuadora. Raspar las zanahorias y cortarlas en trozos grandes, lavar el perejil, arrancar las hojas y poner en la licuadora junto con las especias, la ralladura de limón y la harina. Sazone bien con sal y pimienta, luego mezcle todo en trozos pequeños.

Humedece tus manos y forma 4 bolitas de igual tamaño con la mezcla de verduras y aplástalas con la palma de tu mano.

Calentar el aceite en una sartén y freír las hamburguesas de verduras durante unos 5 minutos por cada lado.

Mientras tanto, corta los tomates y el queso feta en rodajas finas. Lava el pepino y córtalo en rodajas. Corta los bollos para abrirlos y unta cada lado con salsa de tomate. Coloque las rodajas de queso feta en la mitad inferior. Coloca las tortas de verduras encima y luego esparce las rodajas de pepino y tomate encima. Cubra con la mitad superior del bollo.

CHIVITO

Porciones: 2

INGREDIENTES

- 2 piezas Rollos de sándwich
- 200 g Filete de ternera
- 2 Schb Jamón cocido
- 2 Schb Queso Mozzarella
- 2 piezas Cebolla (pequeña)
- 4 Schb Tomates
- 2 Bl Lollo Bianco
- 4 Schb tocino
- 3 TL Azúcar (morena)
- 2 TL Chimichurri (según la receta básica)
- 2 piezas Huevo cocido (al gusto)

PREPARACIÓN

Lave y corte los tomates en rodajas. Lava las hojas de lechuga y agita para secar.

Coloque papel pergamino en una bandeja para hornear, coloque el tocino encima y fría durante 10 minutos a 200 grados hasta que esté crujiente. Luego sácalo del horno y déjalo enfriar.

Pelar la cebolla y cortarla en aros. Derretir la mantequilla en la sartén y dorar los aros de cebolla, agregar el azúcar morena, caramelizar y reservar.

Condimentar la carne con sal y pimienta y freír en una sartén antiadherente durante unos minutos. Retirar de la sartén y colocar en el horno tibio.

Colocar encima lonchas de jamón, colocar la mozzarella en el centro, cerrar y freír en la sartén hasta que se derrita el queso.

Corta los rollitos y colócalos en el horno durante 2-3 minutos con la superficie cortada hacia arriba hasta que estén crujientes.

Ensamblar la hamburguesa: Cepille la parte superior de los bollos y la inferior con Chimichurri. Luego está la hoja de lechuga, las rodajas de tomate, el solomillo, el jamón y la mozzarella, el tocino y finalmente los aros de cebolla. Si lo desea, puede agregar rodajas de huevo cocido. Cubra con la mitad superior del panecillo y sirva.

PERRITO CALIENTE CON SALSA DE CEBOLLA ARDIENTE

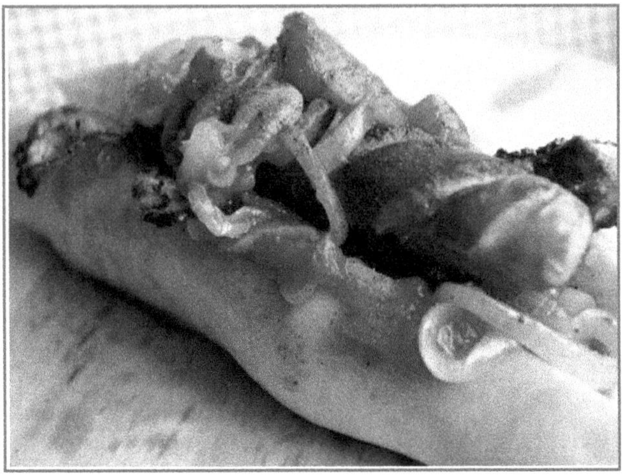

Porciones: 4

INGREDIENTES

- 3 TL cariño
- 4 Schb Tocino
- 1 lata Tomates (425 ml)
- 250 g Cebollas
- 2 cucharadas petróleo
- 1 premio Sal y chile en polvo
- 2 Pa Salchichas (salchichas)
- 4 piezas Pan de hot-dog

PREPARACIÓN

Pelar las cebollas y cortarlas en rodajas finas. Calentar el aceite. Cocine las cebollas al vapor durante unos 5 minutos. Agrega los tomates y machaca un poco con un tenedor. Cocine a fuego medio durante unos 5 minutos.

Sazone la salsa de cebolla con sal, chile en polvo y miel para que tenga un sabor picante y picante. Corta las salchichas en diagonal si es necesario. Ase durante unos 6 minutos, dando vuelta varias veces.

Coloca el tocino sobre papel de aluminio y fríelo hasta que esté crujiente en la parrilla caliente. Hornee los rollos de hot dog en la parrilla mientras los gira.

Cortar y rellenar con salchichas y tocino. Sirve con la salsa de chile y cebolla.

HAMBURGUESA DE BISTEC SIMPLE

Porciones: 2

INGREDIENTES

- 2 piezas rosquilla
- 2 piezas Filetes de minutos
- 1 PC Tomates
- 40 G Pecorino
- 40 G Lechuga
- 1 cucharada manteca
- 1 cucharada aceite de oliva
- 2 TL Pesto Rosso
- 0,5 TL sal marina
- 0,5 TL Pimienta, machacada
- 2 Schb Queso fundido
- 1 PC Cebolla mediana

PREPARACIÓN

Primero corte los bagels por la mitad y unte con mantequilla. Cortar finamente los tomates y lavar la lechuga. Corta la cebolla en aros finos.

Ahora sazona los filetes con sal y pimienta, luego dóralos por ambos lados en una sartén rebozada con un poco de aceite. Freír el tocino en la sartén. Luego voltee brevemente los tomates y los aros de cebolla en la sartén.

Cubra el bagel con lechuga, pesto, filetes, tomates, cebolla, tocino y queso, sirva inmediatamente.

HAMBURGUESA DE GARBANZOS

Porciones: 8

INGREDIENTES

- 200 g Garbanzos
- 1 PC cebolla
- 4 cucharadas aceite de oliva
- 2 piezas Huevos
- 150 G Macetas
- 110 G Migas integrales
- 5 cucharadas Perejil (picado)
- 1 cucharada Romero (picado)
- 2 piezas Dientes de ajo (prensados)

PREPARACIÓN

Primero, los garbanzos se remojan en agua fría durante la noche.

La cebolla se pela, no se pica y se asa en aceite de oliva durante unos 5 minutos. Mientras tanto, los garbanzos se cuelan y se escurren bien, luego se hacen puré con los huevos, el requesón y el aceite de oliva con una batidora de mano.

Ahora las migas y las hierbas, así como el ajo, se mezclan en la masa y se sazonan con sal y pimienta. Se deja reposar todo durante 15 minutos.

Luego se forman 8 empanadas a partir de la masa, estas se bañan con aceite de oliva y finalmente se asan a la parrilla en una taza para grill.

BOLO DE SÉSAMO SIN GLUTEN

Porciones: 15

INGREDIENTES

- 300 mlagua tibia
- 2 paquetes Levadura seca
- 500 G Harina de maíz u otra harina sin gluten
- 2 TL sal
- 50 ml aceite neutro
- 10 cucharadas de sésamo

PREPARACIÓN

Poner la harina, la levadura seca, la sal, el aceite, el agua y 5 cucharadas de semillas de sésamo en un bol y mezclar con un gancho amasador.

La masa todavía se ve muy pegajosa, por lo que deja reposar la masa en un lugar cálido durante aproximadamente 1 hora. Luego dale forma en unos 15 rollos y cepilla con agua.

Espolvorear con semillas de sésamo y hornear a aprox. 200 ° C durante 15-20 minutos.

HAMBURGUESA DE QUINOA

Porciones: 8

INGREDIENTES

- 200 g Frijoles, cocidos
- 100 GRAMOS Patatas
- 50 GRAMOS Quinua
- 0,5 piezas diente de ajo
- 1 PC huevo
- 1 PC Chile (pequeño)
- 0.25 Federación perejil
- 1 TL sal
- 1 TL salsa de soja

para el dip de crema agria

- 250 g crema agria
- 1 TL sal
- 50 GRAMOS perejil

- 1 PC Ralladura de limón (rallado)
- 1 cucharada Jugo de limon
- 1 premio Pimienta negra)

Para servir

- 1 disparo Aceite de oliva para freír
- 1 premio Harina
- 8 piezas Bollos de hamburguesa
- 8 Schb Queso (por ejemplo, gruyere, cheddar, drautaler, etc.)
- 3 piezas Tomates
- 8 Bl ensalada
- 1 PC Cebolleta

PREPARACIÓN

Para la salsa de crema agria: arranca el perejil. Haga puré con una batidora de mano con una pequeña cantidad de crema agria y jugo de limón. Agregue la crema agria restante y otros ingredientes, sazone y sazone al gusto.

Lave las patatas y cocine hasta que estén blandas. Luego enfriar en agua fría, pelar y cortar en trozos grandes. Hervir la quinua en una olla aparte con el doble de agua y un poco de sal.

Cocine la quinua a fuego lento durante 15 minutos, luego déjela en remojo durante 10 minutos. Montar la picadora de carne con un disco perforado fino. Pica los frijoles y las patatas.

Pica finamente el perejil, el ajo y la guindilla. Mezclar todos los ingredientes a mano y amasar bien. Probar.

Con la mezcla, forme hamburguesas del tamaño de los bollos de hamburguesa.

Espolvorea la hamburguesa con un poco de harina. Cortar por la mitad los bollos de hamburguesa y tostar en una sartén sobre la superficie cortada sin aceite. Mantener los bollos calientes en el horno a 50 ° C de aire caliente.

Arranque las hojas de lechuga, corte los tomates en rodajas, corte las cebolletas en un ángulo.

Calienta aceite en una sartén. Fríe las hamburguesas por ambos lados a fuego medio. Después de darle la vuelta, cubra con queso y cubra. Pimienta las hamburguesas al final.

Coloque una hoja de lechuga y una rodaja de tomate sobre el pan de hamburguesa. Coloque la hamburguesa caliente encima, vierta la crema agria sobre ella. Decorar con cebolletas, tapar y asegurar con una brocheta de madera. Servir inmediatamente.

HAMBURGUESA DE PAVO

Porciones: 10

INGREDIENTES

- 200 ml Agua tibia
- 1 Wf Germen fresco
- 20 G azúcar
- 80 G Mantequilla derretida
- 500 G Harina
- 1 PC huevo
- 2 cucharadas Leche
- 1 TL sal

por plenitud

- 1 kilogramo Carne de pavo, sazonada o marinada
- 1 PC Pepino
- 2 piezas Tomates

- 10 queso Schb
- 10 tocino Schb
- 1 PC Lechuga
- 1 PC cebolla
- 2 cucharadas Hierbas picadas

para la salsa

- 10 G sal
- 125 G crema agria
- 90 G Queso crema fresca
- 1 TL Mostaza picante
- para cepillar y espolvorear los rollos
- 4 cucharadas Leche
- 2 cucharadas agua
- 1 PC huevo
- 3 cucharadas sésamo

PREPARACIÓN

Para los panecillos de hamburguesa, mezcle el agua tibia con la leche y el azúcar en un bol. Desmenuza en la levadura. Deje que la mezcla se eleve durante unos 10 minutos. Luego agrega la harina, la sal, 1 huevo y la mantequilla derretida y amasa durante unos 5 minutos a un nivel alto para formar una masa suave. Deje que la masa suba durante aproximadamente 1 hora en un lugar cálido cubierto con un paño de cocina.

Pasada esta hora dividir la masa en 10 partes de aprox. 90 g cada uno y distribuirlo en bolas sobre una bandeja de horno forrada con papel de horno. La masa es muy pegajosa, así que enharina un poco la superficie de trabajo y tus manos.

Ahora tapar los panecillos de nuevo y dejar reposar durante una hora más. Mientras tanto, mezcle 1 huevo con 2 cucharadas de leche y 2 cucharadas de agua. Luego, cepille cuidadosamente los panecillos con la mezcla de huevo y leche y espolvoree con un poco de semillas de sésamo. Hornea los panecillos a 170 ° C durante unos 20 minutos y luego déjalos enfriar un poco.

Para el relleno, corte la carne de pavo, sazone y cocine a la parrilla con las rodajas de tocino. Corta los bollos de hamburguesa para abrirlos y también colócalos brevemente en la parrilla (o en el horno) para que queden bonitos y crujientes. Coloque inmediatamente el queso sobre la carne aún caliente para que se derrita bien. Coloque todos los demás ingredientes encima de la hamburguesa como desee. Pon la tapa y fíjala con una brocheta.

Para la salsa, mezcle la crema agria y la crema fresca. Agregue mostaza y hierbas picadas y sazone con sal.

HAMBURGUESA DE QUESO

Porciones: 4

INGREDIENTES

- 400 G Carne picada
- 2 piezas cebolla
- 2 piezas Huevos
- 1 premio sal
- 1 premio pimienta
- 1 premio Polvo de pimentón
- 1 premio polvo de curry
- 4 piezas Panes de hamburguesa
- 3 cucharadas salsa de tomate
- 8 piezas Hojas de lechuga
- 4 piezas Pepinillos
- 4 piezas Tomates
- 8 Schb Queso gouda

PREPARACIÓN

Picar finamente una cebolla, cortar la otra en aros de cebolla. Amasar la carne picada con la cebolla picada y los huevos en un bol. Sazone bien con sal, pimienta, curry en polvo, pimentón en polvo y pimienta de cayena. Forma la carne en 4 rodajas y sofríelas en una sartén con mantequilla.

Saltee brevemente los aros de cebolla en aceite. Cortar los encurtidos y los tomates en rodajas finas.

Unte la mitad de los rollitos con kétchup y cubra con hojas de lechuga, coloque la carne encima, con los encurtidos y los tomates, aros de cebolla y 2 lonchas de queso.

Coloque la tapa del pan encima y hornee en el horno a 200 grados durante unos minutos hasta que el queso se derrita.

HAMBURGUESA DE CALABACINES BEBÉ

Porciones: 25

INGREDIENTES

- 900 G calabacín
- 2 piezas Huevos
- 1 taza Hierbas (eneldo, menta, perejil)
- 110 G Harina de almendra
- 150 G Queso feta
- 1 TL comino
- 1 TL pimienta
- 3 cucharadas aceite de oliva

PREPARACIÓN

Lavar los calabacines, cortar los extremos y rallar finamente. Luego poner el calabacín finamente rallado en un colador, espolvorear con sal y escurrir por el desagüe durante al menos 10 minutos (mejor 1 hora). Luego ponga el calabacín en un paño de cocina y exprima el líquido restante.

Batir los huevos en un bol grande. Tan pronto como estén espumosos, agregue lentamente el calabacín, las hierbas, el comino, la harina de almendras, el queso feta, la sal y la pimienta. Mezclar todo bien y luego dejar reposar en el frigorífico durante 20 minutos.

Ahora forma pequeñas hamburguesas y fríelas en aceite de oliva. 5 minutos por cada lado es suficiente. Coloque sobre papel de cocina y elimine un poco el aceite. Saben muy bien tanto fríos como calientes

WIENER LEBERKÄSBURGER

Porciones: 4

INGREDIENTES

- 1 PC cebolla
- 2 disparos petróleo
- 300 G Chucrut
- 4 piezas bayas de enebro
- 150 G pastel de carne
- 0.5 Federación perejil
- 1 premio sal
- 1 premio pimienta
- 1 premio azúcar
- 4 piezas Rollos de pretzel
- 4 disparos Mostaza (dulce)

PREPARACIÓN

La cebolla se pela y se pica finamente. Luego calienta una sartén con un poco de aceite y dora las cebollas por unos minutos hasta que estén transparentes. Agrega el chucrut escurrido y dóralo brevemente. Antes de que la mezcla de hierbas se cueza durante 15 minutos, se agregan 5 cucharadas de agua y las bayas de enebro y se tapa.

Mientras tanto, el pastel de carne se corta en rodajas del grosor de un dedo y se saltea en una segunda sartén con un poco de aceite por ambos lados durante 3 minutos.

El perejil se lava a fondo y luego se pica finamente.

Después de 15 minutos, el chucrut se retira del fuego y se sazona con sal, pimienta y azúcar. Antes de que entre en la hamburguesa, deje que el repollo se escurra un poco.

Los rollos de pretzel se abren, la parte inferior se cubre con la mostaza y el chucrut y el pastel de carne se colocan en la parte superior. Finalmente se espolvorea todo con el perejil y se pone la segunda mitad encima.

HAMBURGUESA AMERICANA CON CUÑAS

Porciones: 4

INGREDIENTES

- 0,25 piezas aros de cebolla
- 4 piezas Panes de hamburguesa
- 1 PC tomate
- 4 Schb Queso gouda
- 4 Bl ensalada
- para las cuñas
- 4 piezas Patatas
- 1 disparo aceite de oliva
- 1 premio nuez moscada
- 1 premio Romero
- 1 premio Polvo de pimentón
- 1 premio Polvo de ajo

- 1 premio pimienta
- 1 premio sal

para las empanadas

- 320 G Carne molida
- 1 cucharada Migas de pan
- 1 premio Mejorana
- 1 premio chile
- 1 premio curry
- 1 disparo petróleo
- 0,5 piezas Cebolla picada
- 1 premio pimienta
- 1 premio sal

para la salsa de tomate

- 1 cucharada Salsa de tomate
- 1 Msp mostaza
- para la salsa de mayonesa
- 1 cucharada mayonesa
- 1 Msp mostaza
- 1 disparo vinagre
- 1 premio Polvo de pimentón
- 1 premio Polvo de ajo

PREPARACIÓN

Para las rodajas de papa, se pelan 4 papas grandes y se cortan en octavas rodajas. Marinar las patatas en una mezcla de aceite de oliva, nuez moscada, romero, sal, pimienta, pimentón y ajo en polvo y colocar sobre papel de horno. Las cuñas se colocan en el riel del medio en el horno durante aproximadamente 45 minutos a 200 grados (convección).

Para el pastel de carne, mezcle la carne picada, el pan rallado, la sal, la pimienta, la mejorana, la guindilla, el curry y los cubos de cebolla picada y amase bien. Forma cuatro hamburguesas y hornéalas crujientes por ambos lados en una sartén con aceite.

Para las dos salsas, mezcle una cucharada de ketchup con una pizca de mostaza en un bol. En el segundo bol hay una cucharada de mayonesa con una pizca de mostaza, una pizca de vinagre y pimentón y ajo en polvo.

Hornee los panecillos en el horno precalentado de acuerdo con las instrucciones del paquete.

Ponga un poco de salsa de mayonesa en la mitad inferior de la hamburguesa. Luego viene una hoja de lechuga, seguida de la hogaza picada y el queso Gouda.

A esto le sigue una rodaja de tomate y unos aros de cebolla. El pan de hamburguesa superior está cubierto con salsa de tomate. Coloque las hamburguesas terminadas en el horno durante unos 5 minutos a 100 grados.

HAMBURGUESA DE FRIJOL NEGRO

Porciones: 4

INGREDIENTES

- 200 g Frijoles enlatados (negros)
- 50 GRAMOS avena
- 1 PC Zanahoria (rallada)
- 1 PC remolacha pequeña (rallada)
- 1 PC Diente de ajo (finamente picado)
- 1 PC Cebolla (finamente picada)
- 60 G Harina de garbanzo
- 60 G Semillas de girasol (molidas)
- 1 cucharada Jugo de limon
- 1 TL salsa de soja
- 2 cucharadas Pasta de tomate
- 0,5 TL Polvo de pimentón

- 1 TL tomillo
- 1 TL comino
- 0,5 TL pimienta
- 1 premio sal
- 4 cucharadas petróleo
- 4 piezas Rollos de cereales integrales

PREPARACIÓN

Para nuestra hamburguesa vegana, los frijoles se escurren de la lata y se enjuagan con agua. Luego se ponen en un tazón grande para mezclar y se trituran. También se le agrega la avena, la zanahoria rallada, la remolacha, la cebolla y el ajo. Mezclar todo bien.

Ahora agregue la harina de garbanzo, las semillas de girasol, el jugo de limón, la salsa de soja, la pasta de tomate, el pimentón en polvo, el tomillo, el comino, la pimienta y la sal. Tan pronto como todo esté bien mezclado, se tapa el bol y se coloca en el frigorífico durante unos 20 minutos.

Luego, el aceite se calienta en una sartén grande. Las hogazas se forman a partir de la masa de frijoles. A continuación, se fríen en la sartén. No voltee las hamburguesas hasta después de 5 minutos, de lo contrario se desintegrarán.

Sirva las empanadas terminadas en los panecillos con lechuga, tomates, brotes y salsa.

HAMBURGUESAS AUSSIE

Porciones: 2

INGREDIENTES

- 2 Schb piña
- 4 Schb remolacha
- 2 piezas Lechuga
- 2 piezas huevo
- 2 Schb queso
- 2 Schb Toamten (grande)
- 2 Schb tocino
- 2 cucharadas Salsa de cóctel (o salsa de tomate)

para las empanadas

- 400 G Carne molida
- 180 G Migas de pan
- 1 PC huevo
- 1 disparo Aceite para la sartén

- 1 premio pimienta
- 1 premio sal

PREPARACIÓN

Poner la carne picada en un bol, agregar la cebolla, el huevo, el pan rallado, sal y pimienta. Mezclar todo bien.

Deje que el aceite se caliente en una sartén y fría los panes de carne en forma (empanadas) en ella, dándoles la vuelta con más frecuencia.

Sofreír brevemente las rodajas de piña y el tocino en la misma sartén. También se fríen los huevos para hacer huevos de caza en esta sartén.

Corta los panes de hamburguesa abiertos. El panecillo de abajo se coloca uno tras otro: salsa cocktail o kétchup, rodaja de tomate, hoja de lechuga, empanada, queso, tocino, rodaja de piña, remolacha y huevo frito. Termine con el panecillo superior y sirva.

MINI HAMBURGUESAS

Porciones: 10

INGREDIENTES

- 10 piezas Mini bollos de hamburguesa
- 10 piezas Rebanadas de tomate
- 10Schb tocino
- 10Schb Gouda (pequeño)
- 3 cucharadas Aceite para freír

para las empanadas

- 250 g Carne picada
- 1 cucharada Mejorana
- 0,5 piezas Rollo del día anterior
- 1 TL mostaza
- 1 PC pequeña cebolla
- 1 PC huevo
- 1 premio sal

- 1 premio pimienta
- 1 Spr Pasta de tomate

Ingredientes para la salsa

- 10 TL yogur
- 0,5 TL RAMA Creme Fraiche
- 0,5 TL Hierbas
- 1 premio sal
- 1 premio pimienta

PREPARACIÓN

Para las mini hamburguesas, primero remoje el panecillo en agua, luego exprímalo y colóquelo en un bol con la carne picada y el huevo.

Cortar la cebolla en dados y asar en una sartén con un poco de aceite y agregar a la carne picada.

Agregue la pasta de tomate, la mostaza, la mejorana, la sal y la pimienta y mezcle bien.

Dale forma a las empanadas pequeñas. Fríe las hamburguesas en aceite por ambos lados hasta que estén cocidas. Sacar de la sartén y mantener caliente.

Luego sofreír las tiras de tocino hasta que estén crujientes.

Mientras tanto, mezcle el yogur, la crema fresca y las hierbas y sazone con sal y pimienta.

Corte los panecillos por la mitad horizontalmente, cubra la parte inferior con la salsa de yogur y cubra con los panes de carne, los tomates, el queso y el tocino. Al final, coloca la segunda mitad del moño y listo.

HAMBURGUESA DE REMOLACHA Y FRIJOLES CON SALSA DE VINO TINTO

Porciones: 2

INGREDIENTES

- 200 g Frijoles o frijoles negros, precocidos
- 100 GRAMOS Remolacha (precocida, pelada)
- 3 cucharadas Migas de pan
- 1 PC huevo
- 1 PC cebolla
- 3 cucharadas alcaparras
- 1 cucharada mostaza de Dijon
- 2 cucharadas Aceite de girasol
- 1 cucharada manteca
- 1 cucharada Harina

- 100 ml vino tinto
- 3 premio sal
- 1 premio Pimienta del molinillo)
- 6 piezas Patatas
- 1 rama de perejil

PREPARACIÓN

Primero lava bien los frijoles, escúrrelos y tritúralos bien con un tenedor o en el procesador de alimentos. Picar finamente la remolacha, las alcaparras y las cebollas peladas y mezclar con los frijoles.

Luego agregue el pan rallado y el huevo, sazone con mostaza de Dijon, sal y pimienta. Si la mezcla se ve demasiado húmeda, agregue más pan rallado para evitar que las hamburguesas se deshagan.

Forma cuatro hamburguesas planas con las manos mojadas y fríe por ambos lados en una sartén en aceite de girasol a fuego medio.

Poner la mantequilla en la sartén, sofreír un poco de harina, agregar el vino tinto, sazonar con sal y pimienta y reducir a salsa. Colar las patatas, añadir un poco de mantequilla y perejil.

HAMBURGUESA SCHNITZEL

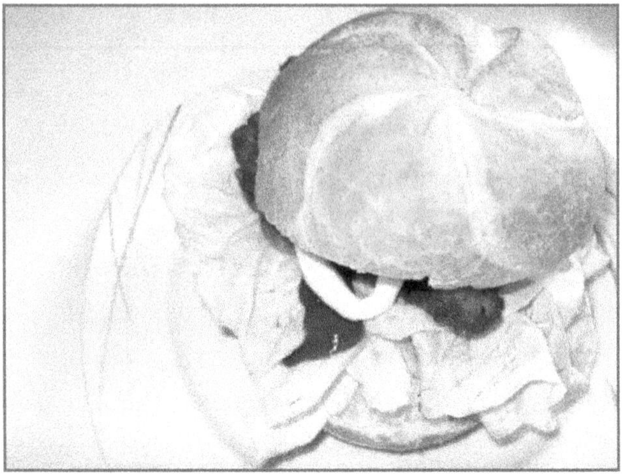

Porciones: 4

INGREDIENTES

- 2 piezas Rollos
- 2 piezas chuleta de ternera
- 2 Bl ensalada
- 1 PC tomate
- 2 TL Salsa de tomate
- 2 TL mayonnais2
- 1 PC Pepino

PREPARACIÓN

Corta los rollos. Cubre el fondo de cada rollo con una hoja de lechuga. Luego agregue el escalope empanizado terminado al pan.

Lavar y cortar los tomates en rodajas. Lave y corte los pepinos también. Ponga una rodaja de tomate y una rodaja de pepino en cada rollo.

Mezcle bien la salsa de tomate y la mayonesa en un tazón y luego agregue al rollo de escalope terminado.

MILLET TODO TERRENO

Porciones: 4

INGREDIENTES

- 1 taza mijo
- 2 tazas Caldo de verduras
- 3 TL Sustituto de huevo (según instrucciones)
- 3 cucharadas Harina de espelta
- 1 cucharada Perejil (picado)
- 1 cucharada Aceite de coco

PREPARACIÓN

Para nuestras excelentes hamburguesas de mijo, agregue el mijo al caldo de verduras hirviendo y cocine a fuego lento tapado durante unos 7 minutos a fuego lento. Luego apaga el fuego y deja que se hinche por otros 10 minutos.

Luego agregue el sustituto de huevo vegano y la harina y sazone. Ahora dale forma a hogazas con la mezcla de mijo con las manos humedecidas.

Calentar un poco de aceite de coco en una sartén rebozada y freír las hamburguesas por ambos lados hasta que estén crujientes.

HAMBURGUESA GYROS

Porciones: 4

INGREDIENTES

- 250 g Filete de pollo
- 1 paquete especias giroscopios
- 4 piezas Bollos de hamburguesa (bollos de hamburguesa)
- 1 PC tomate
- 100 GRAMOS cebolla
- 4 Bl Lechuga
- 2 cucharadas Queso crema fresca
- 4 Bl Queso gouda
- 3 cucharadas aceite de oliva

PREPARACIÓN

Corta el pollo en cubos pequeños y transfiérelo a una cacerola más grande.

Agregue la especia de gyros con 3 cucharadas de aceite de oliva y mezcle bien. Déjelo en remojo durante unos 30 minutos. Después de unos 30 minutos, dore la carne y las verduras en la sartén sin agregar grasa.

Pelar la cebolla y cortarla en rodajas redondas. Lavar y cortar el tomate en rodajas.

Mientras tanto, corte los bollos de hamburguesa y cúbralos con la lechuga y el queso Gouda, así como las rodajas de cebolla y tomate. Ahora vierta la carne terminada en los bollos de hamburguesa y luego póngala en el horno durante unos 10-15 minutos hasta que el queso se derrita.

Sacar los bollos del horno, añadir la crema fresca, tapar el bollo y servir.

HAMBURGUESA SCHNITZEL

Porciones: 4

INGREDIENTES

- 4 piezas Pan de hamburguesa
- 4 piezas escalope de pavo empanizado (ya horneado)
- 4 Bl Lechuga iceberg
- 100 GRAMOS queso crema fresca
- 250 g crema agria
- 1 premio sal
- 1 premio pimienta
- 1 Federación Hierbas (picadas)
- 2 piezas pimenton

PREPARACIÓN

Lavar la lechuga y cortar los pimientos en tiritas. Para la salsa de hierbas, se mezclan bien la crema agria, la crema fresca, las hierbas finamente picadas y la sal y la pimienta.

Coloque los rollitos de hamburguesa y el escalope empanizado en el horno precalentado a aprox. 150 ° C durante 5 minutos. Luego agregue la lechuga, el escalope, la salsa de hierbas y el pimentón al pan de hamburguesa.

HAMBURGUESA DE TERNERA CON QUESO CREMA DE MOSTAZA DE HIGO

Porciones: 4

INGREDIENTES

- 4 piezas Eat the Ball®
- 4 cucharadas Gorgonzola
- 4 Schb queso Brie
- 16 Bl Rúcula
- 500 G Carne molida
- 1 premio Tomillo (fresco)
- 1 premio comino
- para el queso crema de mostaza de higo
- 4 cucharadas Queso crema Philadelphia
- 1 cucharada Mostaza de higo

- 1 cucharada Queso crema fresca
- 1 premio Pimentón la Vera
- 1 premio pimienta
- 1 premio sal

para las patatas fritas de parmesano

- 4 piezas Patatas Fritas De Parmesano

PREPARACIÓN

Para los chips de parmesano: corte el parmesano con un pelador y divida los chips de parmesano en cuatro chips grandes y fríalos suavemente en una sartén rebozada. Luego voltea con cuidado y fríe hasta que se dore por el otro lado. ¡Retirar de la sartén y dejar enfriar!

Para el queso crema de higo y mostaza: Mezcle el queso crema Philadelphia, la mostaza de higo, la crema fresca, la sal, la pimienta y el Pimentón la Vera en un bol.

Corta el Eat the Ball® por la mitad, cubre la parte inferior con queso crema de mostaza de higo y cubre la rúcula.

Sazone bien la carne picada y forme cuatro hamburguesas con ella. Sofreír las hamburguesas de ternera en una sartén precalentada con un poco de aceite (o echarlas a la parrilla) y colocar sobre la rúcula.

Coloca encima una rodaja fina de queso brie y el chip de parmesano. Luego cepille la parte superior del Eat the Ball con Gorgonzola.

Vuelva a juntar las mitades de Eat the Ball, fíjelas con una brocheta de bambú y disfrute

HAMBURGUESA DE ATÚN TAILANDESA

Porciones: 2

INGREDIENTES

- 3 piezas Huevos
- 60 G Migas de pan
- 0,5 piezas Pimiento (rojo)
- 2 lata Atún (aprox.180 g, natural)
- 50 GRAMOS mayonesa
- 50 GRAMOS Castañas de agua
- 2 piezas Cebollas de primavera
- 0.5 cucharadas Pasta de curry (verde)
- 2 piezas Pan de hamburguesa
- 0.5 cucharadas Salsa de chile (roja)
- 0,5 piezas cebolla
- 4 Bl Lechuga (verde)

PREPARACIÓN

Para la mezcla de la hamburguesa, primero picamos las castañas de agua y las mezclamos con el pan rallado, el atún escurrido y la mitad de la mayonesa.

A continuación, las cebolletas lavadas se cortan en aros finos y se mezclan con la pasta de curry y un huevo en un bol. Agrega la mezcla de atún preparada y deja que se mezcle bien.

Mientras tanto, la cebolla se corta en aros y se fríe en aceite en una sartén hasta que esté crujiente. La mayonesa restante se mezcla con la salsa de chiles y la ensalada se lava bien y se corta en tiras finas.

Los bollos de hamburguesa a la mitad se colocan en el horno sobre la parrilla a 80 ° C para que queden crujientes. Freír los dos huevos en la sartén por un lado como huevos fritos y colocarlos en el horno en un plato para mantenerlos calientes.

Ahora forme dos hamburguesas de atún con la mezcla de hamburguesas y fríalas en la sartén durante aproximadamente 3 minutos por cada lado hasta que estén crujientes. Acomodar con mayonesa de chile, cebollas fritas, lechuga y huevos fritos en los rollitos y servir.

HAMBURGUESA CON HALLOUMI A LA PLANCHA

Porciones: 2

INGREDIENTES

- 2 piezas Panes de hamburguesa
- 200 g Halloumi con hierbas
- 8 Schb tocino
- 1 cucharada petróleo
- 4 Schb Tomates
- 4 Bl ensalada
- 4 Schb cebolla
- 3 cucharadas mayonesa
- 40 G Cebolla finamente picada
- 1 PC diente de ajo
- 1 premio chile

PREPARACIÓN

Corta el halloumi en cuatro rebanadas y envuelve cada rebanada con dos láminas de tocino. Freír el halloumi envuelto en tocino en aceite hasta que esté dorado.

Corta los bollos de hamburguesa a la mitad y tuesta brevemente en una tostadora. Para la salsa, mezcle la mayonesa, la cebolla picada, el diente de ajo finamente exprimido y la guindilla.

Unte la parte inferior del panecillo con la salsa, ponga 1 hoja de lechuga encima, luego 1 rodaja de tomate, el halloumi, la salsa, la cebolla, los tomates y la lechuga y un poco más de salsa. Ponle la tapa al bollo.

HAMBURGUESA TORMACHER

Porciones: 4

INGREDIENTES

- 4 piezas Fútbol Eat the Ball®
- 600 G Carne molida
- 16 Bl Rúcula
- 1 premio pimienta
- 1 premio sal
- para la crema de papa
- 2 piezas Patata (harinosa)
- 1 cucharada Queso crema fresca
- 1 TL manteca
- 1 premio nuez moscada
- 1 premio pimienta
- 1 premio sal
- para el condimento de pimentón
- 4 piezas Pimientos en aceite (a la plancha)

- 2 cucharadas Ketchup (orgánico)
- 1 PC diente de ajo
- 1 rama Tomillo (fresco)
- 1 rama de romero

PREPARACIÓN

Para la crema de patata: Hervir las patatas harinosas, luego pelarlas calientes y pasarlas por una prensa de patatas. Agregue la crema fresca, la mantequilla, la nuez moscada, la sal y la pimienta y sazone al gusto.

Para el condimento de pimentón: Escurre el pimentón en escabeche y córtalo en trozos pequeños. Deje que una sartén se caliente, tueste ligeramente los trozos de pimiento con ajo y hierbas. Desglasar con salsa de tomate y cocinar a fuego lento brevemente.

Ahora corta la pelota de fútbol Eat the Ball® y ásala en la parrilla. Unte la crema de patata en la mitad inferior. Pon el cohete lavado encima.

Sazone las empanadas de carne y fríalas por ambos lados, luego colóquelas sobre la hamburguesa. Ponga la salsa de pimentón encima y tape. ¡Servir caliente!

FUXIS KNUSPERBURGER - HAMBURGUESA DE VERDURAS CON PATATAS DE COL CRUJIENTES

Porciones: 1

INGREDIENTES

- 1 PC Pan de hamburguesa
- 1 bl Kale (tamaño: un poco más grande que el pan de hamburguesa)
- 3 cucharadas Aceite de coco para asar repollo
- 1 Schb Queso fundido
- 2 Schb Tomates
- 4 piezas aros de cebolla
- 3 Schb chile
- 1 PC zanahoria

- 1 TL aceite de oliva
- 1 TL Vinagre (favorito)
- 1 premio azúcar
- 1 cucharada Salsa barbacoa o simplemente tu salsa favorita
- 1 premio Fleur de sel (sal marina)

PREPARACIÓN

La hamburguesa crujiente de Fuxi, sin hamburguesa, con las sensacionales patatas fritas veganas de col rizada.

Corta el pan de hamburguesa por la mitad y corta una hoja de col (lavada y seca) al tamaño de la hamburguesa, la col debe ser 1-2 cm más grande que el pan de hamburguesa.

Pelar la zanahoria y cortarla en juliana, cocinar brevemente en agua con sal hasta que quede firme al bocado, escurrir, enfriar. Marinar con vinagre, aceite y azúcar.

Caliente el aceite de coco en una sartén pequeña donde quepa la hoja de col. Freír la hoja de col bien seca por ambos lados. Dejar la hoja de col en la sartén y colocar encima el queso fundido, las rodajas de tomate, 2 aros de cebolla y 2 aros de chile y dejar en la sartén. Deje que el queso se derrita y caliente las verduras en la sartén.

Pan de hamburguesa en la tostadora (o tostar brevemente en una sartén por dentro. Untar salsa barbacoa por debajo. Colocar la hoja de col con queso y verduras encima. Zanahorias marinadas, guindilla y la cebolla restante. Esparcir flor de sal encima. Pon la tapa de la hamburguesa y el placer crujiente está listo.

HAMBURGUESA CON BARRA DE PESCADO

Porciones: 2

INGREDIENTES

- 4 piezas Panes de hamburguesa
- 8 piezas palitos de pescado
- 200 g crema agria
- 2 piezas Chico encurtido
- 4 piezas Hojas de lechuga
- 16 Schb Pepino
- 4 cucharadas Salsa de tomate
- 1 premio sal

PREPARACIÓN

Prepare los palitos de pescado de acuerdo con las instrucciones del paquete. Mientras tanto, mezcle la crema agria con los pepinillos en cubitos muy finos y sazone con sal.

Cortar por la mitad los panecillos para hamburguesa y esparcir la mezcla por la parte inferior. A esto le siguen las hojas de lechuga lavadas y secas y las rodajas de pepino, así como los dedos de pescado terminados. Por último, poner el kétchup en los palitos de pescado, taparlo y disfrutar.

HAMBURGUESAS CASERAS

Porciones: 4

INGREDIENTES

- 1 PC cebolla
- 500 G Carne molida
- 1 TL salsa Worcester
- 1 TL sal
- 0,5 TL pimienta del molinillo
- 3 cucharadas Aceite para freír
- 4 Schb Queso fundido
- 4 piezas Panes de hamburguesa
- 8 Bl cualquier ensalada de hojas
- 4 cucharadas Salsa de tomate
- 4 cucharadas Salsa de yogur

PREPARACIÓN

Pelar la cebolla, picarla finamente y mezclarla con la carne picada. Sazone la carne picada con salsa Worcestershire, sal y pimienta y forme 4 hamburguesas planas con ella.

Calentar el aceite en una sartén y sofreír las hamburguesas enérgicamente, luego freírlas a fuego lento durante 6 minutos, voltear una vez.

Justo antes de que las hamburguesas estén listas, coloque 1 rebanada de queso en cada una y deje que se derrita. Lave la lechuga y déjela secar.

Cortar por la mitad los panecillos de hamburguesa y tostarlos con la superficie cortada hacia arriba debajo de la parrilla hasta que estén crujientes.

Unte todas las mitades inferiores con salsa de tomate y cubra con lechuga, coloque 1 hamburguesa con una rodaja de queso derretido en cada una y rocíe con la salsa de yogur, cubra con la mitad superior de los panecillos para hamburguesa. Servir inmediatamente.

HAMBURGUESA CON SÉSAMO

Porciones: 8

INGREDIENTES

- 1 paquete Germen
- 1 TL sal
- 1 TL azúcar
- 600 G Harina suave)
- 300 G agua
- 30 G petróleo
- 1 PC Huevos
- 4 cucharadas sésamo

PREPARACIÓN

Para la hamburguesa de sésamo, primero amase la levadura, la sal, el azúcar, el agua, la harina, el aceite y el huevo hasta obtener una masa suave y déjela reposar durante media hora.

Precaliente el horno a 200 grados de aire caliente y forre una bandeja para hornear con papel pergamino.

Forme la masa en pequeñas hamburguesas (80-100 g) y colóquelas en la bandeja para hornear. Cepille con agua y espolvoree con semillas de sésamo. Luego hornee por 20 minutos.

HAMBURGUESA A MI MANERA

Porciones: 4

INGREDIENTES

- 4 piezas Panes de hamburguesa
- 400 G Carne molida
- 16 piezas Tomates de cóctel
- 1 PC cebolla
- 4 cucharadas mayonesa
- 2 cucharadas Mostaza (picante)
- 1 premio sal
- 1 premio pimienta

PREPARACIÓN

Primero mezcle la carne picada con sal y pimienta y sazone al gusto. Forme las hamburguesas con una prensa para hamburguesas y ase por ambos lados en una sartén.

Mientras tanto, pelar la cebolla y cortarla en aros. Cortar los bollos de hamburguesa, untar con mayonesa, cortar por la mitad los tomates de cóctel y untar sobre la mayonesa.

Para terminar, colocar encima las empanadas picadas y cubrir con los aros de cebolla. Unte la tapa del panecillo con mostaza y monte el panecillo.

ROLLOS HAMBURGUESAS

Porciones: 6

INGREDIENTES

- 500 G Harina
- 10 G sal
- 10 G Azúcar granulada
- 20 G Germen (fresco)
- 50 GRAMOS manteca
- 200 mlLeche
- 100 ml Agua (tibia)
- 100 GRAMOS Semillas de sésamo para espolvorear

PREPARACIÓN

Primero prepare una masa de levadura tamizando la harina en un bol. Mezcle el agua y la leche en otro recipiente. Desmenuza la levadura, agrega sal y azúcar, revuelve bien nuevamente. Agrega la mantequilla derretida.

Vierta este líquido sobre la harina y amase todo bien. Un gancho amasador en el procesador de alimentos es especialmente adecuado para esto. La masa debe quedar suave y flexible, luego cubrir la masa y dejar reposar durante unos 40 minutos en un lugar cálido. La masa duplica su volumen.

Luego divide la masa en 12 partes iguales. Moler un poco los panecillos a mano y colocar en una bandeja de horno, dejar reposar otros 20 minutos. A continuación, aplanar un poco, rociar con agua y espolvorear con semillas de sésamo. Hornee en un horno precalentado a 200 grados, calor superior e inferior, durante unos 17 a 20 minutos.

HAMBURGUESA CON TOFU AHUMADO

Porciones: 4

INGREDIENTES

- 100 GRAMOS Tofu ahumado
- 2 piezas zanahoria
- 1 premio sal
- 1 PC cebolla
- 2 cucharadas petróleo
- 2 cucharadas salsa de soja
- 1 PC tomate
- 8 Schb queso
- 4 piezas Rollos de hamburguesa

PREPARACIÓN

Pelar las zanahorias, cortarlas en palitos, blanquearlas brevemente y reservar. Cortar las cebollas en rodajas finas y sofreírlas en una sartén en un poco de aceite. Cortar también el tofu ahumado en rodajas, freír en aceite y desglasar con salsa de soja.

Corta cada rollo de hamburguesa por la mitad y tuesta por dentro. Pon el tofu ahumado, las rodajas de tomate, las zanahorias, las cebollas y el queso en la hamburguesa y disfrútala caliente.

HAMBURGUESA CON SALSA BARBACOA Y PATATAS CORAZONES

Porciones: 4

INGREDIENTES

- 1 porción
- 400 g Faschiertes (ternera)
- 1 pizca de sal
- 1 pizca de pimienta
- 1 huevo de nudo

para la salsa barbacoa

- 1 pieza de cebolla (pequeña)
- 2 cucharadas de aceite

- 30 ml de vinagre de sidra de manzana
- 160 ml de cerveza
- 3 cucharadas de azúcar (morena)
- 100 g de pasta de tomate
- 1 pizca de curry en polvo
- 1 pizca de sal
- 1 pizca de pimienta
- 1 pizca de hojuelas de chile

para las patatas corazón

- 3 piezas de patatas (grandes)
- 1 chupito de aceite
- 1 pizca de sal

PREPARACIÓN

Primero preparamos la salsa barbacoa, pelamos la cebolla, la picamos finamente y la ponemos en un bol. Mezclar el aceite, el vinagre de sidra de manzana, la cerveza, el azúcar, la pasta de tomate, el curry en polvo, la sal, la pimienta, las hojuelas de chile y el curry en polvo y reservar.

Para la hamburguesa, primero pelamos la cebolla, la picamos finamente y la colocamos en un bol con la carne picada. Salpimentar bien y agregar un huevo. Amasar todo brevemente con las manos ligeramente húmedas y formar hamburguesas planas.

Mientras tanto, corte por la mitad los bollos de hamburguesa horizontalmente y colóquelos en el horno durante unos minutos a 130 grados, calor superior e inferior.

Unte las hamburguesas por ambos lados con aceite y fríalas por ambos lados en una sartén caliente durante aprox. 5 minutos a fuego medio a alto. Retirar la carne y dejar reposar brevemente en un plato.

Coloque el panecillo inferior en el plato y unte con salsa barbacoa. Extienda la rúcula encima, cubra con las empanadas y las hojas de lechuga verde. Terminar con la mitad superior del panecillo y decorar con las patatas corazón.

Para la papa corazón, pele las papas y córtelas en rodajas finas (0,5 cm). Con un cortador de corazones, corte los corazones uniformes, colóquelos en una bandeja para hornear forrada con papel de horno, rocíe con aceite, sazone con sal y ase en el horno a 180 ° C durante aprox. 45 minutos.

HAMBURGUESA ESTILO CASA

Porciones: 2

INGREDIENTES

- 2 piezas Pan de hamburguesa
- 1 PC Cebolla (pequeña)
- 4 piezas Tomates de cóctel
- 4 Bl ensalada
- 1 cucharada mostaza
- 1 cucharada mayonesa
- 8 Schb Solomillo de cerdo con tocino (resto)

PREPARACIÓN

Primero pela, corta por la mitad y corta la cebolla. A continuación, sofreír la carne brevemente por ambos lados en una sartén con aceite.

Calentar un poco los panecillos, cubrir el fondo con mostaza y cubrir la tapa con mayonesa.

Coloque las hojas de lechuga lavadas sobre la mostaza, luego las rodajas de carne y los tomates cortados por la mitad y la cebolla. Ponle la tapa y fíjala con una brocheta.

HAMBURGUESA DESAYUNO

Porciones: 6

Ingredientes

- 6 piezas Rollos de hamburguesa
- 6 Bl jamón de pavo
- 6 piezas Huevos
- 6 Schb queso
- 1 cucharada petróleo
- 1 premio pimienta
- 1 premio sal

PREPARACIÓN

Primero hornee los rollos de hamburguesa en el horno a 180 grados de temperatura superior / inferior hasta que estén crujientes durante unos minutos. Mientras tanto, calentar un poco de aceite en una sartén y freír primero los huevos en forma redonda (del tamaño de las hamburguesas). Luego retiramos la forma y sofreímos brevemente por el otro lado.

Corta las hamburguesas y cúbrelas con una hoja de jamón de pavo, coloca los huevos encima y sazona con sal y pimienta. Finalmente, agregue una loncha de queso y coloque la tapa de la hamburguesa encima.

HAMBURGUESA NUREMBERG

Porciones: 4

INGREDIENTES

- 12 piezas Nürnburger Würstel (Bratwurstel)
- 4 piezas Lechuga de hoja (variedad a elegir)
- 200 g Salsa de tomate
- 200 g mayonesa
- 8 piezas Chico encurtido
- 4 piezas Panes de hamburguesa
- 2 cucharadas cebollas asadas

PREPARACIÓN

Para una hamburguesa de Nuremberg, fríe el Nürnberger en una sartén, corta los panecillos por la mitad y ásalos ligeramente en el horno o en la tostadora.

Ponga salsa de tomate, una hoja de lechuga y 3 salchichas en la mitad del panecillo, espolvoree un poco de las cebollas fritas encima y cubra con rodajas de pepino.

Unte la mitad superior del panecillo con mayonesa y colóquelo encima.

HAMBURGUESA CON MIEL ASADA

Porciones: 2

INGREDIENTES

- 2 piezas Pan de hamburguesa
- 1 PC cebolla
- 1 PC tomate
- 200 g Miel tostada (reposo)
- 4 TL mostaza picante
- 4 TL mayonesa

PREPARACIÓN

Pelar la cebolla y cortarla en aros. Corta el tomate por la mitad y córtalo en rodajas. Corta el asado de miel en cubos pequeños.

Unte la parte inferior de los panecillos de hamburguesa con mostaza y la parte superior con mayonesa. Coloque el asado de miel en la parte inferior, cubra con cebolla y rodajas de tomate y vuelva a colocar la parte superior de los panecillos.

HAMBURGUESA DE QUESO A LA PLANCHA CON PATATAS FRITAS

Porciones: 4

INGREDIENTES

- 2 piezas Tomates
- 4 piezas Pan de hamburguesa
- 4 Bl Battsalat
- 3 cucharadas aceite de oliva
- 250 g Queso a la plancha (halloumi)
- 1 PC Cebolla (roja)

para el aderezo de mostaza y miel

- 1 cucharada crema agria

- 2 cucharadas Mostaza de miel (según la receta básica)
- 2 cucharadas Queso crema fresca
- 0.5 cucharadas Aceite de especias de chile
- Ingredientes para la guarnición
- 2 piezas batata
- 4 piezas Patatas
- Aceite para freír
- 1 premio sal
- 1 premio pimienta
- 1 premio Polvo de ajo
- 1 premio Polvo de pimentón

PREPARACIÓN

Primero prepare las patatas fritas, pele las patatas y los boniatos y córtelos en palitos de 1 cm de grosor. Freír las patatas fritas en la freidora y sazonar con una mezcla de especias de sal, pimienta, ajo y pimentón en polvo.

Para la hamburguesa: Lavar y cortar los tomates, pelar la cebolla y cortar en aros. Lava la lechuga y agita para secar.

Luego asa los aros de cebolla y las rodajas de queso a la parrilla o en una sartén para grill en aceite caliente durante 2 minutos cada uno, dándoles vuelta varias veces.

Para el aderezo de mostaza y miel: mezcle la crema agria, la mostaza y la miel, la crema fresca con aceite de especias de chile hasta obtener una salsa fina.

Ahora corte por la mitad los panecillos de hamburguesa, tueste brevemente las superficies cortadas en la parrilla o en la sartén. Cubra con lechuga, tomates, queso asado, aderezo de mostaza y cebolla. Sal ligeramente si quieres. Coloque la segunda mitad del panecillo encima y sirva.

CONCLUSIÓN

En la familia de las hamburguesas ligeras desplegamos el abanico de consejos para disfrutar sin complejos. En otras palabras, ¡la versión mini hamburguesa de espárragos medio adelgazante, las mini hamburguesas de camarón de peso pluma o las hamburguesas adelgazantes para picotear! ¿Y por qué no probar los muffins de mini hamburguesa de pepino? Salvo que optes por los campeones de la dieta, hamburguesas sin pan, como una hamburguesa de ensalada ultraligera para picar, hamburguesas vegetarianas sin pan con berenjena a la plancha o hamburguesas de setas sin pan ligero. En cuanto al sándwich de hamburguesa, elige pan de verdad con filetes de espinacas y un toque de brócoli.

Para los gourmets que prefieren las hamburguesas reales, queda optar por una guarnición de peso pluma y porciones limitadas. Con menos de 300 calorías, comemos hamburguesas vegetarianas con verduras asadas, hamburguesas ligeras sin carne con remolacha o hamburguesas dietéticas con pollo y tatziki. Mas ideas? Todavía no hablamos de las hamburguesas de pechuga de pollo adelgazantes, desde las hamburguesas hasta las tortillas de tomate vegetarianas, las hamburguesas a las verduras mediterráneas o expresar cómo las hamburguesas Dukan ...

Lightning Source UK Ltd.
Milton Keynes UK
UKHW020650210521
384114UK00001B/98

9 781801 97967